Vente

L. DROMARD

VENTE

L. DROMARD

PARIS. — IMPRIMERIE DE L'ART

E. MÉNARD ET Cie, 41, RUE DE LA VICTOIRE, 41

CATALOGUE

DE TRÈS BEAUX

MEUBLES D'ART

DES STYLES

Renaissance. Louis XIII, Louis XIV. Louis XV et Louis XVI

En bois sculpté et doré, en acajou, en marqueterie et ornés de bronze

Vitrines, Crédence. Bibliothèques, Tables, Consoles, Paravents, Écrans
Meubles et Cadres

Meubles de style chinois et japonais en bois de fer

MAGNIFIQUES SIÉGES

Canapés, Fauteuils, Chaises et Tabourets, d'un travail remarquable

BRONZES

PAR

L. DROMARD

ET DONT LA VENTE AURA LIEU

Par suite de cessation de fabrication, et en vertu d'une autorisation du Tribunal de commerce

HOTEL DROUOT, SALLE N 8

Les Jeudi 11 et Vendredi 12 Avril 1889

A DEUX HEURES

COMMISSAIRES-PRISEURS

M MAURICE DELESTRE   **M PAUL CHEVALLIER**

EXPERTS

M. CHARLES MANNHEIM   **M E. LASQUIN**

Chez lesquels se trouve le présent Catalogue

EXPOSITIONS. SALLES N 8 ET 9

Particulière : *Le Mardi 9 Avril 1889, de 1 heure à 5 heures*

Publique : *Le Mercredi 10 Avril 1889, de 1 heure à 5 heures*

CONDITIONS DE LA VENTE

Elle est faite expressément au comptant.

Les acquéreurs payeront, en sus des adjudications, *cinq pour cent* applicables aux frais.

L'exposition mettant le public à même de se rendre compte de l'état et de la nature des objets, il ne sera admis aucune réclamation une fois l'adjudication prononcée.

Nota. — Tous les meubles faisant partie de cette vente portent la marque de L. Dromard.

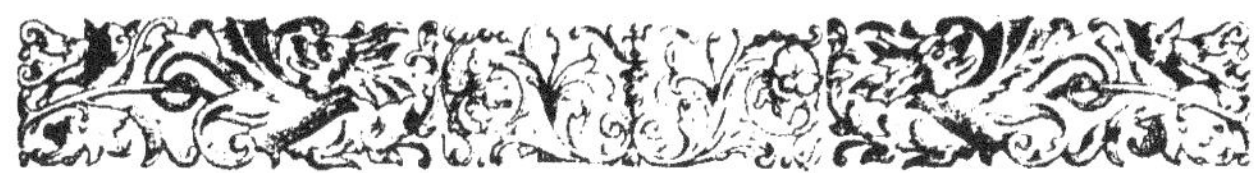

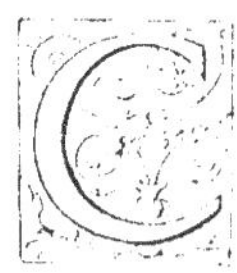VENDEZ-LA BIEN, mon cher Dromard, votre vente réussira. Elle n'a pas besoin d'être recommandée par ma plume, car elle est de celles qui se recommandent d'elles-mêmes à tous les raffinés de la curiosité.

Je vous connais de longue date, et j'éprouve une véritable satisfaction à le dire, dès le principe et mieux que les autres, vous avez su réparer les meubles de la Renaissance. La restauration comme vous l'aviez comprise, n'était qu'une véritable collaboration rétrospective avec les habiles huchiers de jadis. Plus tard je vous ai vu à l'œuvre, cherchant à créer de bons modèles de clous, d'entrées, de poignées et de rinceaux. N'auriez-vous fait que cela, vous auriez droit à la reconnaissance de tous, car vous nous avez débarrassé de ces affreux modèles sur lesquels vivait la quincaillerie d'appartement depuis le règne de Louis-Philippe. Mais vous avez fait mieux : grâce aux documents qui vous étaient passés par les mains, vous vous êtes mis, dans votre dernière manière, à produire de fort beaux meubles, et vous n'avez pas peu contribué à ce retour vers le goût qui a remis au premier rang l'une des branches de notre industrie parisienne.

Je l'ai écrit bien souvent : il est plus facile de peindre un bon tableau que de faire un bon meuble, car il faut, en dehors du goût qui ne saurait s'acquérir, être tout à la fois peintre, architecte, modeleur, céramiste, bronzier et doreur, savoir dessiner, composer, sculpter, ciseler, assembler et connaître à fond tous les matériaux qui peuvent orner la pièce que l'on prépare.

Quelle somme d'études, de recherches, d'habileté pratique dépensaient jadis les Caffieri, les Boule, les Riesener et les Gouthière, pour créer l'un de leurs chefs-d'œuvre, et comme ils pouvaient dans les galeries du Louvre marcher la tête haute à côté des plus illustres maîtres parmi les peintres de leur époque !

Artiste modeste et discret, voulant surtout produire extrême-

ment bien : industriel laborieux et plein de conscience, se préoccupant peu de s'enrichir, vous avez, pendant de longues années, travaillé à embellir la demeure des amateurs les plus délicats et les plus difficiles. Vos œuvres, toujours d'un goût parfait, peuvent, par la pureté du style et par le fini de leur exécution, se tenir, sans craindre la comparaison, à côté des productions les plus soignées du XVIIIe siècle.

Et, tenez, en toute franchise, je vais vous faire ma confession.

Vous m'avez souvent rendu personnellement fort perplexe.

Je ne suis jamais sorti de vos ateliers de la rue Saint-Lazare, sans garder dans l'œil le souvenir des belles choses que j'y avais rencontrées, de ces meubles en acajou pouvant rivaliser avec ceux de Jacob, de ces tables à ouvrage d'une exquise élégance, de ces marquises à quatre faces d'une incroyable fermeté de lignes, de ces chaises légères en bois sculpté et doré, qui semblent faites en bronze et ciselées par Germain.

Eh bien ! lorsque je revoyais dans ma mémoire ces meubles d'une grâce aimable et paisible exécutés avec un sentiment profond de la forme et du style, je me suis demandé plus d'une fois s'il ne valait pas mieux orner son intérieur avec des modèles arrivés à la perfection des vôtres, plutôt que de s'attacher exclusivement aux échantillons défraîchis, disparates et peu solides, des splendeurs éteintes du siècle dernier.

Je l'avoue, je n'ai jamais osé me prononcer là-dessus. Il aurait fallu brûler ce que j'ai jusqu'ici passionnément adoré. Mais je laisse le soin de résoudre la question aux amateurs éclairés qui suivront votre vente.

Je sais bien d'avance quel sera leur verdict.

PAUL EUDEL.

DÉSIGNATION DES OBJETS

MEUBLES PAR L. DROMARD

VITRINES

1 — Très belle vitrine de salon, de style Louis XVI, en bois
sculpté et doré, d'une précieuse exécution et décorée de
médaillons d'attributs peints en grisaille.

La face du meuble est à trois parties vitrées, ainsi que les
côtés ; celle du milieu en ressaut et s'ouvrant ; une partie est
surmontée d'un entablement à gorge ornée d'une frise de cor-
touches sculptés avec médaillon réservé au centre. Cet entablement supporte un petit édicule couronné par un vase au
pied duquel deux figures d'enfants assis retiennent une guirlande de lauriers.

Les montants à angles arrondis sont ornés de fines cannelures, de chutes de lauriers, de médaillons à rubans et de
tigettes très délicatement sculptés ; à mi-hauteur de chacun
des quatre montants est réservé un médaillon peint représentant des trophées d'attributs guerriers, champêtres, de la
Musique et de l'Amour.

Les encadrements des panneaux vitrés sont décorés d'entrelacs et de rangs de perles avec rosaces sur les angles ; sur le haut de la porte, un médaillon oblong représente une colombe et des attributs pastoraux.

La base du meuble est composée d'un tore de lauriers, sur lequel retombe un tablier sculpté en relief, et repose sur un piétement à six fuseaux.

Les deux parties latérales sont à dessus de marbre vert de mer.

Les belles proportions de ce meuble, sa riche ornementation et sa perfection d'exécution en font une œuvre d'une grande élégance.

Haut., 1 m. 80 cent.; larg., 1 m. 40 cent.

2 — Vitrine de salon, de style Louis XVI, en bois sculpté et doré, de même ordonnance que celle qui précède, mais d'une ornementation différente.

Les montants de celle-ci, également à angles arrondis, offrent des thyrses enrubannés et des feuillages de chêne. Ils sont terminés par des modillons à feuilles d'acanthe. Les encadrements à fines moulures sont ornés de rosaces aux angles et de branches de lauriers ; un bas-relief réservé sur la porte représente un enfant jouant avec une chèvre.

L'entablement à gorge est sculpté à guirlandes de feuilles de chêne, et le dessus est couvert par trois tablettes de marbre vert de mer.

La partie inférieure et le piétement sont analogues à ceux du meuble précédent.

Haut., 1 m. 45 cent.; larg., 1 m. 40 cent.

3 — Très beau meuble vitré, d'entredeux et à hauteur d'appui, de style Louis XVI, en bois sculpté et doré de la plus grande richesse. Il s'ouvre à deux portes et les coins à doucine forment étagères à fond de glace. Les montants à pilastres cannelés à chapiteaux sont ornés de tigettes à rubans et d'une rosace médiane. Les encadrements de portes à bandes d'enroulements avec rosaces dans les angles à ressauts.

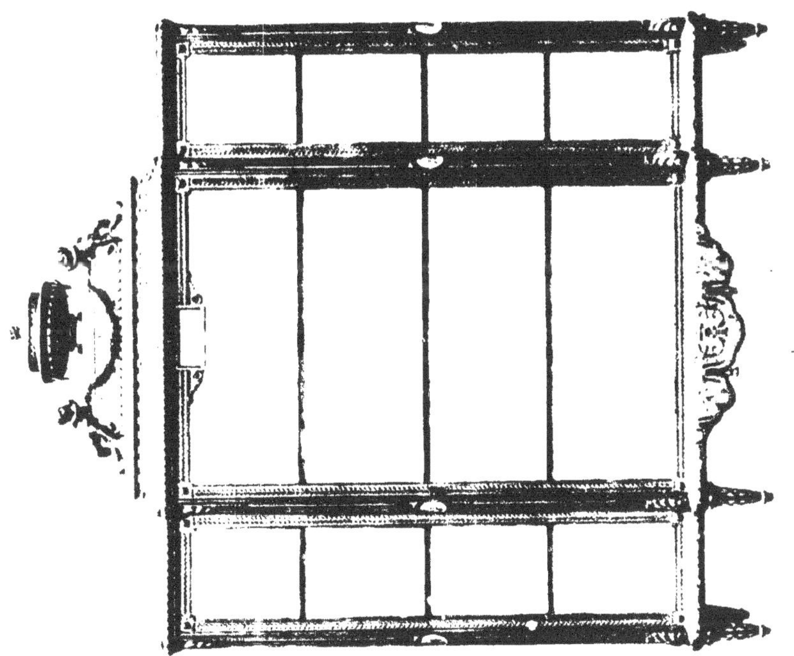

La ceinture à frise de postes sur la face et entrelacs à rosaces sur les côtés.

Le soubassement à tore de lauriers avec tablier simulant une peau de lion sculptée en relief.

Dessus de marbre bleu turquin.

Haut., 1 m. 5 cent.; larg., 1 m. 55 cent.

4 — Vitrine de salon, de style Louis XVI, en bois sculpté et doré, surmontée d'une gorge décorée de canaux et de motifs feuillagés. Les montants à angles arrondis sont cannelés et agrémentés de tigettes à rubans; les encadrements sont à bandes d'enroulements et rangs de perles. Le soubassement est recouvert par un tablier simulant une peau de lion. Style Louis XVI.

Haut., 1 m. 5o cent.; larg., 7o cent.

5 — Vitrine pareille à la précédente, mais un peu plus large, en bois sculpté, peint en noir avec rehauts de dorure.

Haut., 1 m. 5o cent.; larg., 57 cent.

6 — Charmante vitrine de boudoir, de style Louis XVI, ouvrant à une porte et surmontée d'une gorge, en bois finement sculpté et doré, montants cannelés, à têtes de boucs et à culots feuillagés; encadrements à entrelacs, coins à rosaces et rangs de perles; gorge à frise de postes feuillagés avec écussons aux angles.

Base à tore de lauriers avec tablier sculpté, à branches de lauriers, rubans et draperies.

Dessus en marbre vert de mer.

Haut., 1 m. 5o cent.; larg., 65 cent.

7 — Vitrine pareille à la précédente, dessus de marbre bleu turquin.

Haut., 1 m. 5o cent.; larg., 65 cent.

8 — Charmante vitrine à accrocher, de style Louis XV, en bois
sculpté et doré, dont l'encadrement, composé de motifs
rocaille, se termine par un fronton. Les montants ornés de
cariatides à la partie supérieure.

Haut., 1 mètre; larg., 60 cent.

9 — Très belle vitrine genre Renaissance, ouvrant à une porte,
en bois de noyer, à moulures d'un délicat profil. Les montants
à angles arrondis sont décorés de nielles d'or sur fond noir et
se terminent haut et bas par un ornement à coquilles sculptées.
Des têtes de lions se détachent sur les angles du couronne-
ment.

Elle est montée sur un support à quatre pieds balustres
reposant sur une base à moulures.

Meuble d'un goût sévère et distingué.

Haut., 1 m. 68 cent.; larg., 85 cent.

10 — Vitrine de même modèle et de mêmes proportions que la
précédente, celle-ci en bois noir avec moulures dorées.

Haut., 1 m. 68 cent.; larg., 85 cent.

11 — Jolie vitrine à cage, en bois d'acajou, ouvrant à deux portes
et reposant sur une table à pieds carrés contenant un tiroir
dans la ceinture, ornée de rosaces et de moulures en bronze
doré. Dessus de marbre bleu turquin, surmonté d'une galerie
de cuivre à grecques.

L'intérieur à fond de glace est garni d'un gradin recouvert
d'étoffe rouge

Haut., 1 m. 45 cent.; larg., 70 cent.

12 — Jolie vitrine d'entredeux, de style Louis XVI, façon Riésener, en bois d'acajou, à angles arrondis finement cannelés,
et surmontée d'une gorge.

Elle est garnie de chutes et de motifs à guirlandes de lau-

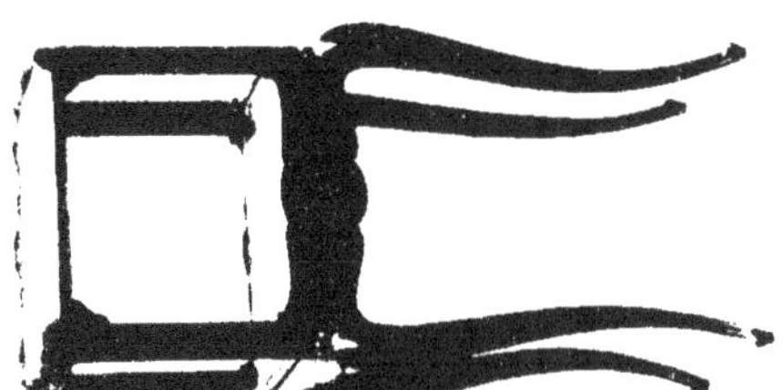

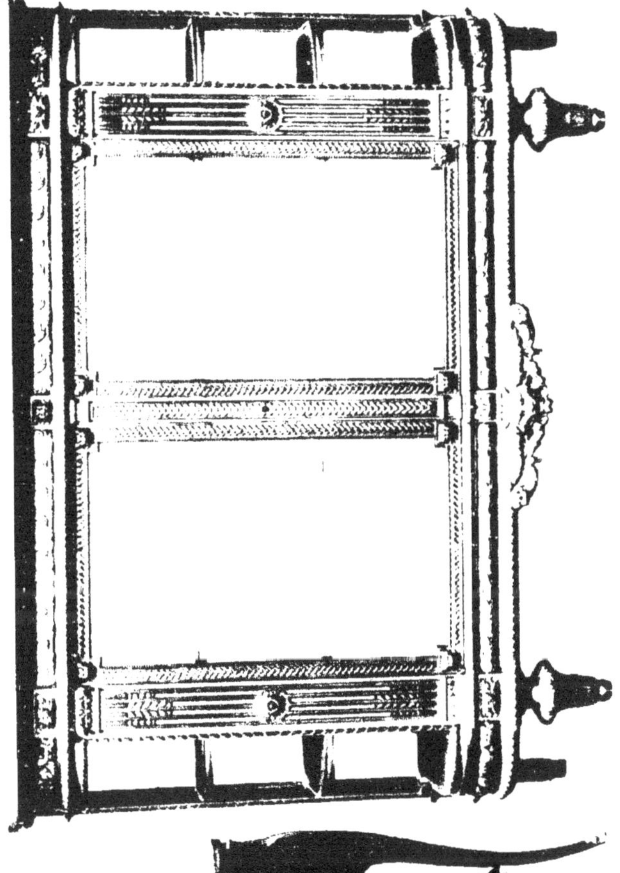

riers, de tigettes et de moulures à rais de cœurs, en bronze
doré.

Dessus de marbre bleu turquin, entouré d'une galerie de
cuivre à grecques.

Haut. : 1 m. 80 cent. ; larg. 61 cent.

13-14 — Deux jolies vitrines d'entredeux, de style Louis XVI,
façon Riésener, en bois d'acajou, à angles arrondis, à cannelures et à fines moulures, ornées de rais de cœurs, de frises
d'enroulements, de chutes à guirlandes et de rosaces en bronze
ciselé et doré.

Dessus de marbre bleu turquin.

Haut. : 1 m. 58 cent. ; larg. 62 cent.

15-16 — Deux meubles vitrés, à hauteur d'appui, ouvrant à deux
portes, en bois d'acajou, de style Louis XVI.

Les montants à angles arrondis sont cannelés et garnis de
chutes et de tigettes.

Les encadrements des portes sont ornés de moulures, et le
bas du meuble d'un cul-de-lampe en bronze ciselé et doré.

Dessus de marbre bleu turquin avec galerie de cuivre à
grecques.

Haut. : 1 m. 15 cent. ; larg. 1 m. 15 cent.

MEUBLES DÉCORÉS

17 — Coquette petite table d'accouchée, de forme Louis XV, et se
divisant en deux parties, entièrement décorée de peintures
sur fond vert d'eau.

Le dessus, formant pupitre à crémaillère et ouvrant à deux
volets, représente un sujet de deux amours chassant des
papillons, et deux trophées d'attributs pastoraux, avec nids

d'oiseaux, dans de ravissants encadrements rocailles enguir-
landés de fleurs.

Le pourtour du meuble est décoré de motifs analogues et de
rinceaux.

Ce petit meuble est d'une rare perfection de décor.

Haut., 78 cent.; long., 63 cent.; larg., 38 cent.

18 — Petite table à ouvrage, de forme oblongue et de style
Louis XV, à pieds contournés, reliés par une tablette. Elle est
décorée de charmants motifs dans le goût de Pillement, peints
sur fond rose.

Le dessus représente trois figures chinoises dans des ornements et le pourtour chacun un motif rocaille. Elle est garnie
de chutes et de sabots en bronze doré.

La ceinture contient un tiroir.

Haut., 68 cent.; larg., 38 cent.

19 — Petite table carrée, de style Louis XV, de même travail que
la précédente.

Les quatre faces représentent le sujet du Renard et de la
Cigogne, des bouquets de fleurs et des attributs pastoraux dans
de jolis encadrements, finement peints sur fond vert d'eau.

Les pieds sont reliés par une tablette et sont ornés de chutes
et de sabots en bronze ciselé et doré.

Dessus de marbre rouge royal.

Haut., 70 cent.; larg., 28 cent.

20 — Autre petite table de forme identique à la précédente, dont
le décor représente une fontaine avec jet d'eau, deux paysages,
des fleurs et des attributs pastoraux dans de gracieux encadrements.

Haut., 70 cent.; larg., 28 cent.

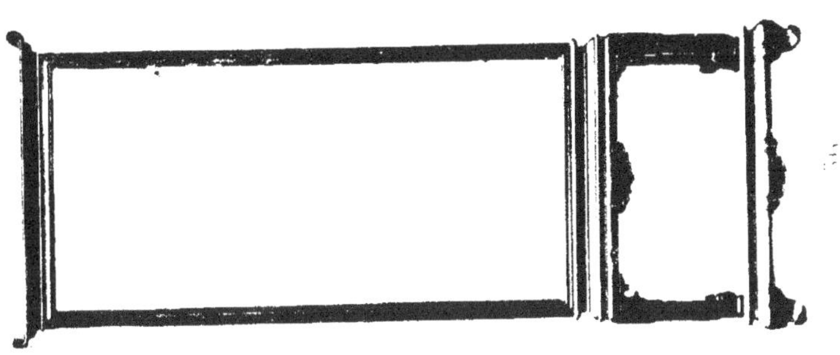

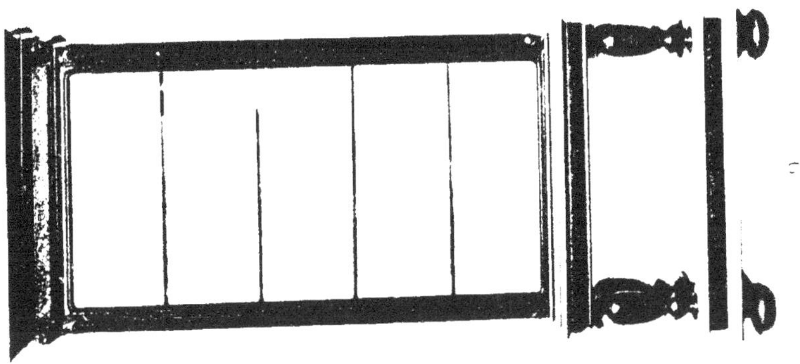

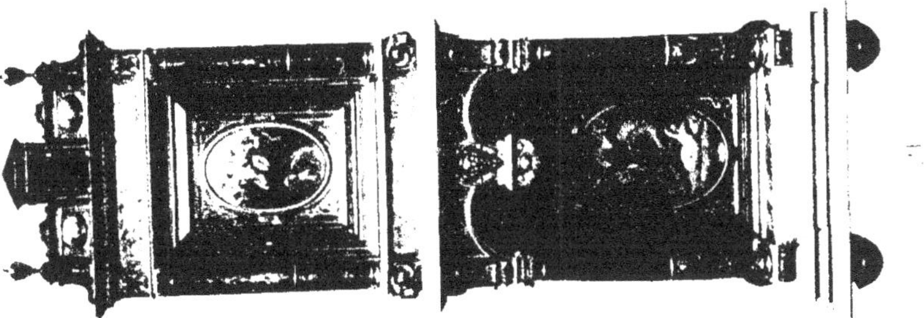

CRÉDENCE, ARMOIRES, BIBLIOTHÈQUES
MEUBLES D'APPUI

21 — Très jolie petite crédence à bijoux, de style Renaissance, composée de deux corps en bois de noyer sculpté et richement décorée d'ornements niellés en dorure sur fond noir.

Le haut ouvre à une porte encadrée de moulures, placée entre deux colonnettes d'ordre ionique, reposant sur une ceinture ornée de têtes de béliers se détachant sur les angles.

Le bas est à fond plein et à deux jolies colonnettes à chapiteaux formant pendentif, orné d'une tête de satyre au centre.

Le décor, habilement exécuté en niellures d'or, représente sur la porte Bacchus et Ariane ; sur les colonnettes et les autres parties du meuble divers motifs d'ornements, avec bacchantes et satyres, et sur le fond, dans un médaillon ovale, la figure de Jupiter.

Le meuble est surmonté d'un petit fronton avec niche au centre.

Haut., 1 m. 8? cent.; larg., 65 cent.

22 — Belle armoire de style Louis XIV, surmontée d'une gorge et ouvrant à deux portes, composée de douze panneaux d'ancien laque du Coromandel, à fleurs, oiseaux et volatiles, avec corps en bois de violette. Elle est garnie de moulures ornées, de ferrures et de motifs d'applique en bronze doré.

Pieds tors à filets en bronze.

Haut., 2 m. 15 cent.; larg., 1 m. 2 cent.

23 — Beau meuble à hauteur d'appui, de style Louis XIV, en bois satiné, orné sur les deux portes et sur les côtés latéraux de panneaux peints du XVIIIe siècle, représentant des sujets mythologiques : Pan et Syrinx, Daphné changée en laurier.

Il est garni de moulures, d'écoinçons et d'ornements-appliqués
en bronze doré.

Pieds tors en bronze doré.

Dessus de marbre vert de mer.

Haut., 1 m. 10 cent.; larg., 1 m. 55 cent.

24 — Petit meuble d'appui et d'entredeux, de style Louis XIV,
ouvrant à une porte, en ancien laque du Coromandel, à vases
de fleurs et attributs et bois de violette. Il est richement garni
de bronze : moulures à oves, godrons, feuilles d'eau, appliques,
filets et rosaces.

Dessus de marbre brèche.

Pieds tors en spirale, en bronze doré.

Haut., 1 m. 20 cent.; larg., 65 cent.

25 — Armoire d'entredeux de style Louis XV, ouvrant à deux
portes à contours, en marqueterie de bois de violette et de bois
de rose, à médaillons quadrillés en losanges, ornée de chutes,
de sabots et d'un cul-de-lampe en bronze doré.

Dessus de marbre brèche profilé à contours.

Haut., 1 m. 60 cent.; larg., 90 cent.

26 — Petite armoire de même forme, à hauteur d'appui.

Haut., 1 m. 15 cent.; larg., 70 cent.

27 — Petit meuble d'appui de style Louis XVI, genre Riésener,
ouvrant à une porte, à pilastres cannelés, en bois d'acajou
moucheté de Saint-Domingue, garni d'ornements et de moulures de bronze doré.

Dessus de brèche d'Alep, entouré d'une galerie de cuivre.

Haut., 1 mètre; larg., 55 cent.

28-29 — Deux petites bibliothèques dites coins de feu, de style

Louis XVI, façon Riésener, a pilastres formés de demi-colonnes cannelés, garnies de moulures de bronze ciselé et doré.

Dessus de marbre bleu turquin, surmonté d'une galerie a grecques ajourées, en cuivre doré.

Haut., 1 m. 5 cent ; larg., 65 cent.

30-31 — Deux petites bibliothèques analogues aux précédentes. Celles-ci a coins arrondis cannelés.

Haut., 1 m. 5 cent ; larg., 55 cent.

32 — Petite bibliothèque dite coin de feu, de style Louis XV, en marqueterie de bois de violette, de profil contourné, ornée de chutes, de sabots et d'un léger motif rocaille en bronze doré.
Dessus de marbre Campan mouluré.

Haut., 95 cent ; larg., 64 cent.

33 — Petite armoire de chevet, a bijoux, de style Henri II, a colonnettes à chapiteaux et à fronton brisé. Il ouvre a une porte, en buis sculpté en bas-relief représentant le Triomphe d'Amphitrite.

Haut., 65 cent ; larg., 39 cent.

34 — Autre petite armoire de chevet, de style Henri II, ouvrant à une porte entre deux pilastres, en bois de chêne sculpté à entrelacs et coquilles.

Haut., 47 cent ; larg., 34 cent.

MEUBLES DE STYLE CHINOIS ET JAPONAIS

35 — Beau meuble vitré de goût semi-japonais en bois de fer mouluré.

La face présente trois panneaux vitrés, avec porte de milieu formant un léger ressaut.

Il repose sur un support bas à six pieds adhérents à un socle de même profil que le meuble.

La partie supérieure est formée d'un entablement surélevé au centre et dont les extrémités sont relevées en pagode.

Ce meuble est une interprétation du goût japonais très réussie et convient admirablement aux collectionneurs d'objets de l'Orient.

Haut., 2 mètres; larg., 1 m. 47 cent.

36-37 — Deux vitrines de style semi-japonais ouvrant à une porte avec support bas et dessus relevé en pagode en bois noir mouluré, d'une construction excessivement légère.

L'intérieur est garni d'étoffe.

Haut., 1 m. 80 cent.; larg., 69 cent.

38 — Vitrine semblable aux précédentes en bois de noyer naturel.

Haut., 1 m. 80 cent.; larg., 69 cent.

39 — Jolie vitrine oblongue de style chinois ouvrant à deux portes sur les côtés latéraux. La cage est en bois dur exotique mouluré, et la base repercée à grecques et ornements de goût chinois.

Elle repose sur un support de même style, garni de deux tablettes d'entrejambes.

Hauteur de la vitrine, 1 mètre; larg., 95 cent.
Hauteur du support, 95 cent.; larg., 1 mètre.

40 — Vitrine plate sur sa table, en bois de fer mouluré de style japonais.

Long., 1 m. 10 cent.; larg., 70 cent.

41 — Petit écran de style chinois à deux faces, en bois de fer mouluré, avec pied à consoles et galerie à ornements repercés à jour. Feuille en soie brodée.

Haut., 1 m. 5 cent.; larg., 50 cent.

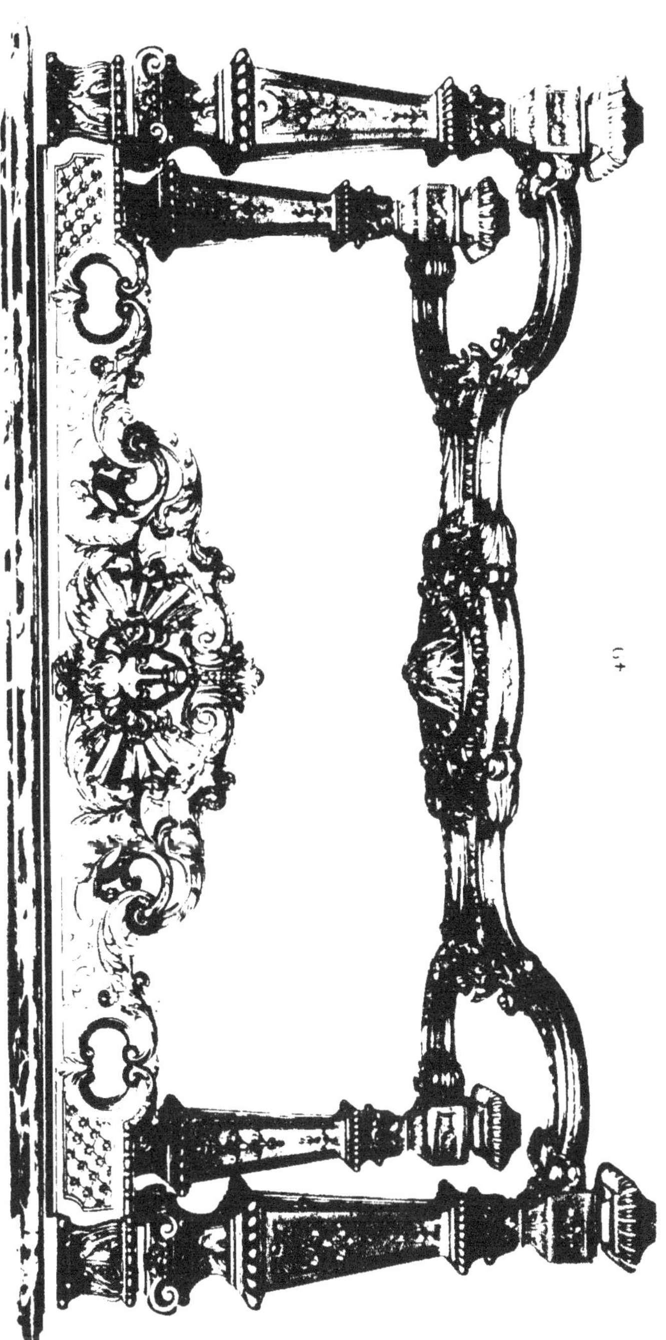

42 — Écran de même forme, en bois de fer mouluré et sculpté, feuille en soie japonaise avec revers en soie à rayures.

Haut. 1 m. 10 cent.; larg., 50 cent.

43 — Petit paravent à quatre volets de style japonais, en bois de fer mouluré, garni d'étoffe japonaise lamée d'or, à fond rouge d'un côté et fond bleu de l'autre.

Haut., 83 cent.; larg., 40 cent.

44 à 47 — Quatre petites étagères d'encoignures en bois laqué genre chinois, de différents décors.

Haut., 80 cent.; larg., 30 cent.

48 — Support de style chinois en bois noir à ceinture repercée à jour et deux tablettes d'entrejambes.

Haut., 1 mètre; larg., 45 cent.

TABLES ET CONSOLES

49 — Magnifique table de milieu du plus beau style Louis XIV, en bois sculpté et doré. D'après un modèle du château de Bercy.

Les pieds, à quatre faces à chapiteaux de feuillages ornés de culots, sont reliés par un très bel entrejambes à contours avec rosace de jonction.

La ceinture ajourée est ornée d'un motif à mascaron tête de femme.

Dessus de marbre rouge de Flandre veiné.

Long., 1 m. 65 cent.; larg., 75 cent.

50 — Console du style Louis XIV le plus somptueux, en bois sculpté et doré.

La ceinture, à ressaut sur le devant, offre un beau motif de

rinceaux feuillagés et d'entrelacs avec mascaron, têtes de dauphins et coquilles. Deux mufles de lion se détachent sur les
montants de face ; des rosaces et des grilles ornent les côtés.

Elle repose sur deux pieds à gaines sur le devant et sur un
fond plein à pilastres.

Les pieds à chapiteaux sont ornés de quadrillages et de
culots.

Le fond présente une rosace dans un encadrement godronné
entre deux pilastres à fleurons.

Dessus de marbre vert de mer.

Haut., 1 m. 10 cent.; larg., 1 m. 10 cent.

51 — Très joli guéridon de boudoir de forme ronde, de style
Louis XVI, en bois sculpté et doré et à dessus de malachite.

La ceinture composée d'entrelacs ajourés, les pieds fuselés
et cannelés reliés par un entrejambes formant une rosace
moulurée et sculptée.

Diam., 60 cent.

52 — Guéridon pareil au précédent, en bois peint en blanc à deux
tons et à dessus de marbre bleu turquin.

Diam., 60 cent.

53 — Jolie table-vitrine style Louis XVI, à bonbonnières ou miniatures, en bois sculpté et doré, avec pieds à quatre faces cannelés, reliés par un bel entrejambes à entrelacs en rosaces.

Ceinture à rangs de perles avec médaillon ovale entouré
de deux branches de lauriers sur le devant. Les côtés sont
ornés de rosaces et de culots de feuillages.

Long., 95 cent.; larg., 57 cent.

54 — Autre table-vitrine à miniatures, de mêmes dimensions que
la précédente en bois sculpté et doré, celle-ci de style Louis XIV.

La ceinture à quadrillages gravés avec motifs à coquilles et feuillages réservés sur le devant et sur les côtés. Bel entrejambes à entrelacs ornés reliés à une rosace ajourée au centre.

Haut., 65 cent ; larg., 57 cent.

55 — Petite console de style Régence reposant sur un seul pied à contours, composée d'ornements rocaille en bois sculpté et doré. Dessus de marbre.

Haut., 1 m. 50 cent.

56-57 — Deux consoles de suspension de style Régence, en bois sculpté et doré à mascaron et feuillages.

Haut., 25 cent.; larg., 35 cent.

58 — Jolie petite table-vitrine à miniatures et bonbonnières de style Louis XVI, en bois d'acajou à coins arrondis. Les pieds fuselés et cannelés sont reliés par un entrejambes à entrelacs et la ceinture est à panneaux de glace.

Elle est garnie de moulures, de tigettes, de bracelets et de rangs de perles en bronze ciselé et doré.

Long., 75 cent ; larg., 45 cent.

59 — Table de style Henri II en noyer à pieds cannelés avec chapiteaux reposant sur un T à moulures.

Long., 1 m. 75 cent.; larg., 95 cent.

60 — Petite table de style Louis XIII en palissandre mouluré, pieds tournés avec entrejambes à vase. Dessus en maroquin.

Long., 70 cent.; larg., 50 cent.

61 — Table de style Louis XIII, en noyer, à pieds tournés, avec entrejambes.

Haut., 1 m. 5 cent.; larg., 60 cent.

62 — Table analogue, mais plus petite.

63 — Petite table de forme Louis XV, en acajou uni, à gracieux

contours. La ceinture contient un tiroir et le dessus est à rebord.

Les pieds sont reliés par un entrejambes.

Long., 58 cent.; larg., 40 cent.

64 — Petite table de même forme que la précédente, en bois de noyer, avec tablette d'entrejambes.

Long., 58 cent.; larg., 40 cent.

PARAVENTS

65 — Remarquable paravent à quatre feuilles, du plus gracieux style Régence, en bois sculpté et doré, orné de peintures et garni de glaces sans tain.

Chacun des quatre volets, d'une ornementation différente, est composé d'un encadrement à motifs et nervures rocaille, surmonté d'un petit fronton ajouré, et orné, à la partie inférieure, d'un quadrillage avec coquille.

Des peintures représentant des sujets allégoriques des saisons et des ornements très habilement exécutés décorent la partie inférieure; le haut est vitré par des glaces sans tain à biseaux épousant les contours de l'encadrement.

Charnières à double mouvement.

Haut., 1 m. 50 cent.; larg., 55 cent.

66 — Très beau paravent à quatre feuilles de style Louis XV, en bois sculpté et doré, à ornements rocailles différents sur chaque volet; le bas orné de quadrillages et de coquilles.

Il est garni d'étoffe et de panneaux à glace sans tain.

Charnières à double mouvement.

Haut., 1 m. 50 cent.; larg., 52 cent.

67 — Beau paravent à cinq feuilles de style Louis XV, en bois de

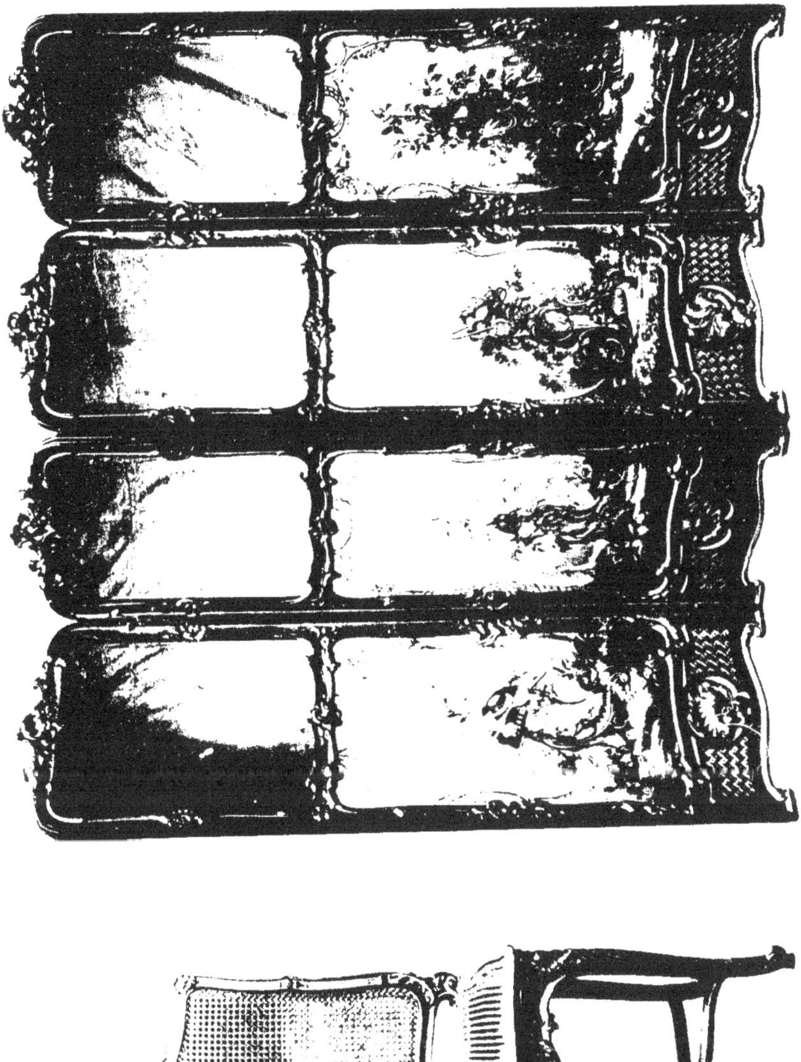

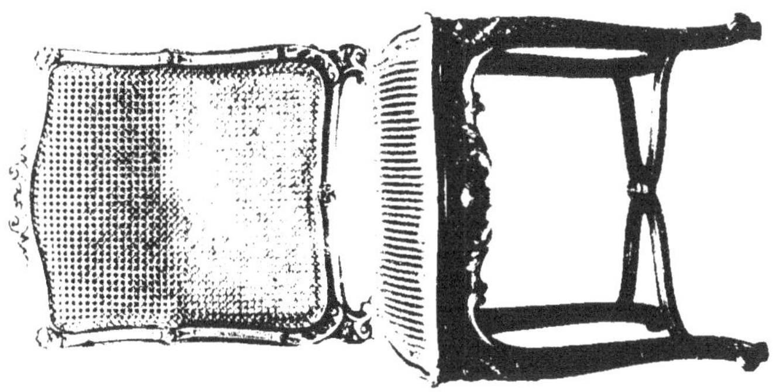

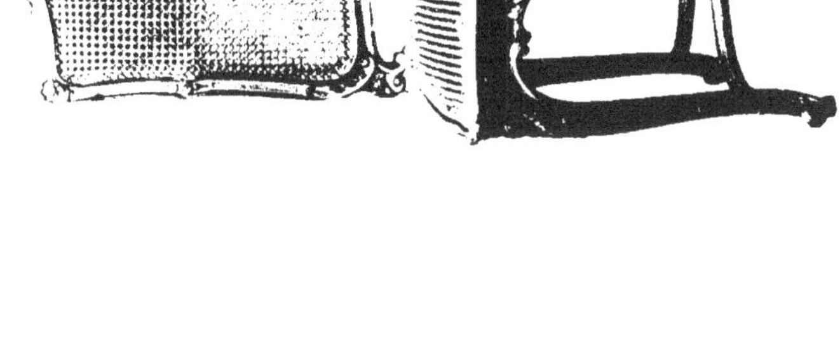

chêne naturel, sculpté à motifs rocailles et nervures feuillagées.

Chacune des feuilles est décorée d'une peinture du xviii^e
siècle, représentant un portrait de jeune dame figurant l'allé-
gorie de l'un des cinq sens.

Le bas est garni d'étoffe.

Charnières à double mouvement.

Haut., 1 m. 52 cent.; larg., 45 cent.

68 — Beau paravent à quatre feuilles, en bois sculpté et peint à
deux tons dégradés, d'ornementation analogue au précédent et
garni de soie brochée de style.

Haut., 1 m. 50 cent.; larg., 45 cent.

69 — Très joli paravent à quatre feuilles de style Louis XV, en
bois naturel sculpté à fines nervures feuillagées terminées par
un fronton rocaille, d'ornementation différente sur chaque
volet, avec rehauts d'or.

Le bas, garni d'étoffe de style à losanges quadrillés ; le haut
vitré, à biseaux épousant les contours de l'encadrement.

Charnières à double mouvement.

Haut., 1 m. 52 cent.; larg., 55 cent.

70 — Charmant paravent de salon à quatre feuilles d'inégale hauteur, à rampe gracieusement contournée, en bois sculpté à
feuillages et baguettes enroulés, rehaussé de riches peintures à
tons dégradés ; garniture de soie à fleurs.

Charnières à double mouvement.

Haut., 1 m. 50 cent.; larg., 40 cent.

71 — Petit paravent de salon de même forme que le précédent et
de décor analogue, garni de soie ancienne à dessins de couleurs changeantes sur fond à rayures.

Charnières à double mouvement.

Haut., 1 m. 13 cent.; larg., 35 cent.

72 — Paravent de même style et de même forme, avec quelques
variantes dans l'ornementation, en bois naturel sculpté à tor-
sades, à moulures rubannées; garniture d'étoffe à bouquets de
roses.

Charnières à double mouvement.

Haut., 1 m. 35 cent.; larg., 42 cent.

73 — Paravent de salon de style Louis XVI, à trois feuilles en
bois sculpté et doré sur les deux faces, à bandes d'enroulements et fines moulures; garniture de soie de style à bouquets
de fleurettes sur fond crème.

Charnières à double mouvement

Haut., 1 m. 38 cent.; larg., 50 cent.

74 — Grand paravent de salon à quatre feuilles de style Louis XVI,
en bois sculpté et doré, à encadrements surmontés de fron-
tons.

Charnières à double mouvement.

Haut., 1 m. 65 cent.

75 — Paravent à trois feuilles, en bois finement mouluré des deux
faces et doré; garniture mi-partie en étoffe de soie et mi-partie
à glaces biseautées.

Charnières à double mouvement.

Haut., 1 m. 50 cent.; larg., 46 cent.

76 — Paravent de fenêtre ou de balcon, à deux feuilles de style
Louis XIV modèle de Bercy, en bois de noyer richement
sculpté sur les deux faces et rehaussé d'or.

L'encadrement, à rets et crossettes, est surmonté d'un fronton à coquille.

Charnière à double évolution.

Haut., 1 m. 6 cent.; larg., 75 cent.

77 — Petit paravent de fenêtre ou de balcon, à deux feuilles de
style Louis XIV, en bois sculpté et doré, à motifs d'entrelacs et
quadrillages, avec fronton à coquille.

Garniture d'étoffe de style à fond rouge.

Haut., 96 cent ; larg., 68 cent.

78 — Petit paravent analogue au précédent, plus simple d'ornementation.

Haut., 96 cent.; larg., 68 cent.

ÉCRANS

79 — Très riche écran de style Louis XVI, en bois sculpté et
doré ; encadrement de culots, de rangs de perles et de raies
de cœurs, surmonté d'un fronton guirlande de lauriers.

Pied à patins orné de piastres et de rosaces.

Haut., 1 m. 15 cent.; larg., 60 cent.

80 — Écran de style Louis XVI, en bois sculpté et doré, à rubans
et rangs de perles, surmonté d'un trophée d'instruments de
musique et terminé par un cul-de-lampe.

La feuille est en soie ancienne à rayures et à dessin rouge
et vert.

Haut., 1 m. 15 cent.; larg., 65 cent.

81 — Charmant petit écran de boudoir, de style Louis XV, en
bois sculpté et doré. L'encadrement de forme contournée est
orné de crêtons et surmonté d'un motif rocaille.

Pieds à patins rocaille.

Haut., 87 cent ; larg., 56 cent.

82 — Petit écran analogue au précédent, décoré de peintures
dégradées, avec feuille en soie de style à fleurs sur fond rouge.

Haut., 87 cent.; larg., 56 cent.

83 — Écran-pupitre de style Louis XVI, genre Riésener, en bois
d'acajou moucheté. Il s'ouvre à abattant et l'intérieur contient
deux tiroirs et une papeterie.

Dessus de marbre bleu turquin à galerie de cuivre.

Haut., 1 m. 10 cent.; larg., 57 cent.

84 — Petit écran de boudoir, de style Louis XVI, façon Riésener,
en acajou finement mouluré sur les deux faces et orné de
rosaces en bronze doré.

La feuille en soie brochée à fleurs en couleurs sur fond bleu.

Haut., 90 cent.; larg., 45 cent.

85 — Écran de style Louis XVI, en bois d'acajou à moulures,
façon Riésener, garni de bandes azurées, de rosaces et d'une
poignée de bronze doré, feuille en soie à larges rayures bleues
et bandes d'ornements sur fond blanc.

Haut., 1 m. 7 cent.; larg., 64 cent.

86 — Petit écran avec tablette pour écrire, de style Louis XV, en
bois de rose massif mouluré.

Haut., 95 cent.; larg., 40 cent.

87 — Bel écran de style Louis XIV dont l'encadrement, richement sculpté à quadrillages, est surmonté d'un fronton ajouré
d'une coquille. Bois naturel rehaussé de dorure.

Haut., 1 m. 50 cent.; larg., 75 cent.

88 — Petit écran de style Louis XIV en bois sculpté et doré, dont
l'encadrement à crossettes est surmonté d'un motif à volutes et
coquille.

Haut., 95 cent.; larg., 55 cent.

MEUBLES DIVERS

SERVANTES, CARTONNIERS, ETC.

89 — Petite table chiffonnière, de style Louis XVI, de forme
ronde, en acajou moucheté, ornée de cuivres ciselés.
L'intérieur contient deux tiroirs en maroquin.
Dessus de marbre blanc à galerie de cuivre.

Haut., 75 cent.; larg., 54 cent.

90-91 — Deux petites servantes forme Louis XV, en noyer, à pieds
contournés, garnies de deux tablettes de marbre brèche avec
rebords en bois à contours.

Long., 50 cent.; larg., 35 cent.

92-93 — Deux petites servantes analogues aux précédentes, de
forme carrée, en noyer.

Long., 31 cent.; larg., 20 cent.

94 — Deux petites torchères en noyer tourné, genre Louis XIII.

95-96 — Deux petits cartonniers à quatre tiroirs, en ancien maroquin rouge, doré à filets, monture en bronze à pieds griffes de
lion, revêtement d'étoffe lamée d'or.

Haut., 25 cent.; larg., 35 cent.

97-98 — Deux autres cartonniers à six cartons, de même travail,
revêtus de velours rouge et garnis de poignées pendeloques.

Haut., 25 cent.; larg., 57 cent.

99 — Vitrine à accrocher, à cage en bronze, à raies de cœurs et
perles, style Louis XVI. Intérieur garni de velours rouge.

Haut., 73 cent.; larg., 60 cent.

100 — Fût de colonne cannelé, en bois d'acajou, orné de tigettes
et d'un tore de lauriers en bronze doré.

Haut., 1 m. 12 cent.; larg., 32 cent.

MIROIRS ET CADRES

101 — Joli miroir de toilette, de style Louis XV, dont la bor-
dure à contours est agrémentée d'ornements rocaille et
surmontée d'un fronton ajouré, en bois habilement sculpté et
doré. La glace est à biseaux épousant les contours du cadre.

Haut., 65 cent.; larg., 53 cent.

102 — Miroir biseauté dans un très bel encadrement de style
Renaissance à colonnettes et fronton en noyer richement
sculpté à guirlandes, mascarons à têtes d'amours.

Haut., 90 cent.; larg., 55 cent.

103 — Petit miroir avec cadre d'ébène, style Henri II, décoré de
niellures.

Haut., 31 cent.; larg., 21 cent.

104 — Petit cadre, style Henri II, à deux colonnettes, fronton
brisé décoré de niellures.

Haut., 39 cent.; larg., 26 cent.

105 — Deux autres petits cadres de même forme, en ébène, avec
deux colonnes en marbre rouge antique.

Haut., 39 cent.; larg., 26 cent.

106 — Petit cadre à calendrier, de style Louis XVI, en bois
finement sculpté à raies de cœurs et rang de perles, surmonté d'un trophée d'attributs des sciences avec cul-de-lampe
feuillagé.

Haut., 43 cent.; larg., 13 cent.

107 à 109 — Trois autres petits cadres à calendriers, de style
Louis XVI, en bois sculpté et doré (sans trophée).

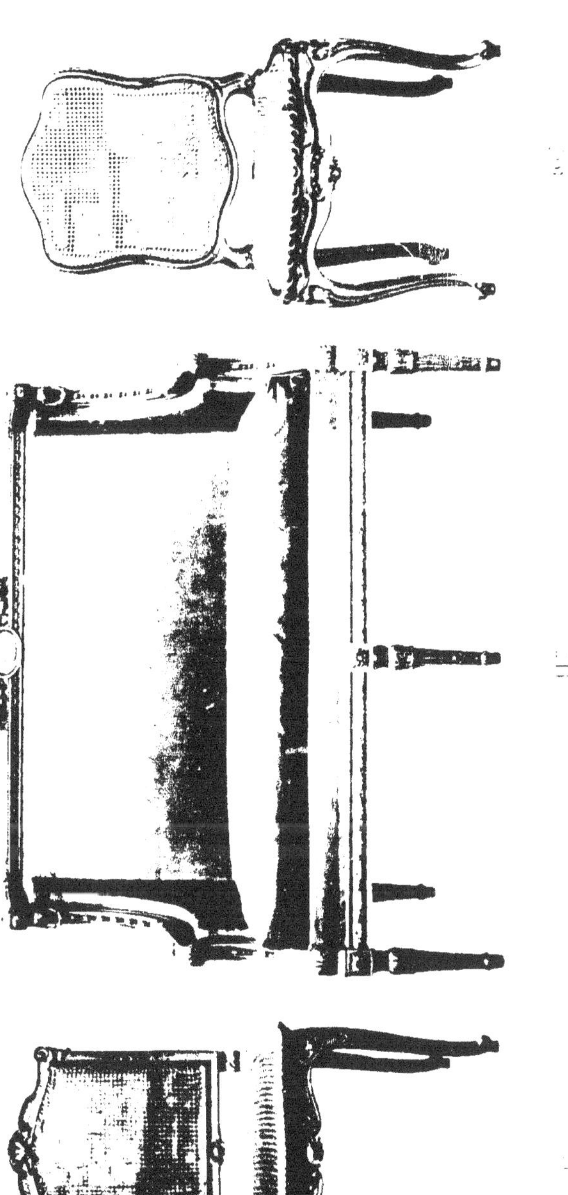

110-111 — Deux petits cadres rectangulaires. pour miniatures, en bois sculpté et doré de style Louis XVI.

112 à 115 — Huit petits cadres ovales. pour miniatures. en bois sculpté et doré de style Louis XVI. Trois sont ornés de rubans.

116 — Quatre autres petits cadres ronds pour miniatures. en bois sculpté et doré.

SIÈGES

CANAPÉS

117 — Très joli petit canapé à joues, de style Louis XVI. en bois richement sculpté et doré sur toutes faces. garni de percaline rouge. La ceinture, a tore de lauriers. repose sur six pieds fuselés à canaux et chapiteaux à feuilles d'eau : les bras à feuilles d'acanthe et culots rejoignent la rampe du dossier par une volute soutenant une petite guirlande.

Le dossier droit. à bandes d'entrelacs fleuronnés et d'enroulements. est orné au milieu d'un médaillon ovale sculpté en bas-relief représentant un enfant triton sur un dauphin : deux cornes d'abondance reliées par un nœud de ruban retombent sur ce médaillon. Les angles et les extrémités offrent des motifs de feuillages et des rosaces.

Haut., 1 m. 2 cent.: larg.. 1 m. 20 cent.

118 — Beau canapé à rampe et à double face de style Régence, en bois sculpté et doré, garni de percaline.

La ceinture. reposant sur six pieds. est ornée de feuillages. Les accotoirs sont formés de gracieuses crossettes se terminant en spirales feuillagées. La rampe reliant les deux accotoirs est sculptée à rubans, avec motif de fleurs au milieu.

Haut., 73 cent.; larg., 1 m. 60 cent.

119 — Petit canapé de forme contournée à deux dossiers reliés par une rampe en bois sculpté et doré de style Régence, garni de canne dorée, avec coussin de velours rouge.

La ceinture, reposant sur six pieds, est ornée de coquilles et la face antérieure est également façonnée.

Haut., 89 cent.; larg., 1 m. 34 cent.

120 — Canapé de style Louis XIV, à six pieds à entretoises à contours, en bois naturel sculpté à coquilles et feuillages et rehaussé de dorures. Garniture de canne dorée.

Haut., 95 cent.; larg., 1 m. 23 cent.

121 — Banquette à quatre faces, sans dossier, de style Louis XIV, en bois sculpté rehaussé d'or, pieds à gaines reliés par des traverses, garnie de canne dorée. Modèle de Bercy.)

FAUTEUILS

122 — Ravissante marquise de style Louis XVI, en bois sculpté et doré sur toutes faces, d'un goût et d'un travail remarquables.

La ceinture à feuilles de lauriers repose sur quatre pieds à volutes. Les bras, gracieusement contournés et sculptés à rubans, rejoignent le dossier composé de bandes d'entrelacs et d'enroulements, et surmonté d'un culot de feuillages renversé.

Garniture en dauphine de style Louis XVI, à rayures et fleurettes.

Haut., 75 cent.; larg., 85 cent.

123 — Très joli siège de boudoir, style de l'époque de transition de Louis XV à Louis XVI, de forme ovale et contournée, dossier à trois compartiments, en bois sculpté et doré sur toutes faces, d'une rare perfection et garni de très belle soie à fond rose.

La ceinture ainsi que les pieds sont ornés de feuillages et

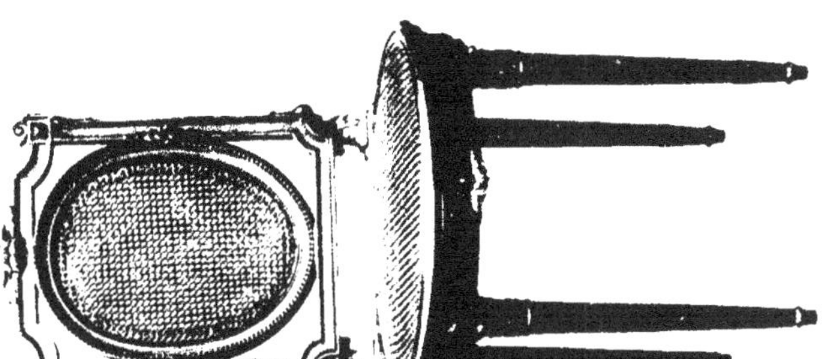

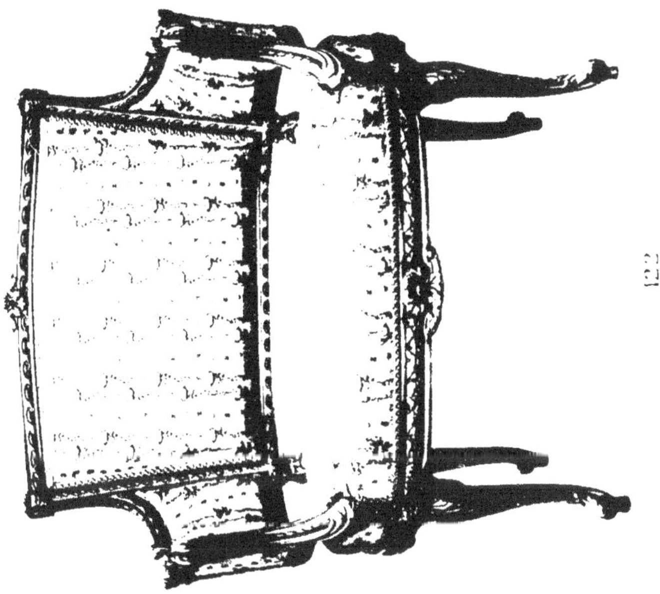

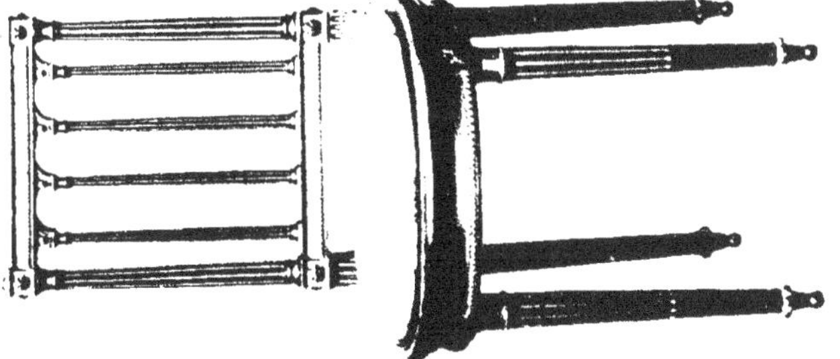

d'écussons ; un rang de piastres entre deux baguettes à rubans sur lesquels retombent des feuilles d'acanthe orne les contours du dossier.

Haut., 88 cent.; larg., 84 cent.

124 — Très joli siège de boudoir de même forme que le précédent, non moins précieux d'exécution, mais d'ornementation différente, et garni de canne dorée.

La ceinture, ornée de baguettes rubannées avec motif de feuillages et coquille au centre, est reliée aux pieds par des chutes. Le dossier est contourné par un ruban agrémenté de feuillages.

Haut., 88 cent.; larg., 84 cent.

125 — Très joli siège de boudoir de style Louis XV, en bois sculpté et doré de l'exécution la plus délicate et garni de canne dorée.

La ceinture, composée de motifs à crétons, est reliée aux pieds par d'élégants contours ornés de chutes rocaille ; un très léger entrejambes en X relie les quatre pieds.

Le dossier, composé d'un encadrement en deux parties, est orné d'enroulement, de feuillages, de perles, de rubans et de deux crossettes renversées.

Haut., 90 cent.; larg., 84 cent.

126 — Très joli fauteuil de bureau de dame en bois sculpté et doré, d'un précieux travail et garni de canne dorée et de manchettes en velours rouge ainsi que d'un coussin.

Le dossier à trois compartiments, gracieusement contourné, est orné d'enroulements de feuilles et de rubans ainsi que les bras.

Le siège tournant, de forme ronde, a une ceinture ornée de perles et de coquilles et les pieds légèrement contournés sont reliés par un gracieux entrejambes en X avec rosace de jonction

Haut., 77 cent.; larg., 58 cent.

127 — Très élégant fauteuil de bureau de dame en bois sculpté et

5

doré sur toutes faces, d'une riche ornementation a rubans,
feuillages et coquilles ; la hotte du dossier à trois compartiments est garnie de canne dorée.

Le derrière du fauteuil est orné de raies de cœurs et de cor-
delettes.

Les pieds sont reliés par un très léger entrejambes à contours en élévation.

Haut., 75 cent.; larg., 55 cent.

128 — Fauteuil de bureau de dame ou à coiffer de forme analogue
aux précédents, richement mouluré, orné de quelques motifs
feuillagés et de rubans.

Pieds à palmettes.

Haut., 70 cent.; larg., 54 cent.

129 — Petit fauteuil de bout de pieds de style Louis XV, de forme
analogue aux précédents, en bois sculpté et doré garni de canne
dorée.

Dossier à trois compartiments contourné par un enroulement de rubans, ceinture à nervures feuillagées.

Haut., 57 cent.; larg., 55 cent.

130 — Petit fauteuil bout de pieds à crémaillère d'un très gracieux
modèle de style Louis XVI, en bois sculpté et doré.

Le dossier à hotte carrée avec rampes à contours symétri-
ques à enroulement de rubans et rangs de perles, et se terminant par des bras à volutes.

Pieds fuselés à canaux.

Haut., 58 cent.; larg., 55 cent.

131 — Très belle bergère à joues, de style Louis XVI, en bois très
finement sculpté et doré. Modèle dit de Marie-Antoinette, du
palais de Trianon.

Les pieds fuselés et cannelés sont reliés par des rosaces à
une ceinture de piastres.

Les bras, sculptés à feuilles d'acanthe et à rubans, se termi-

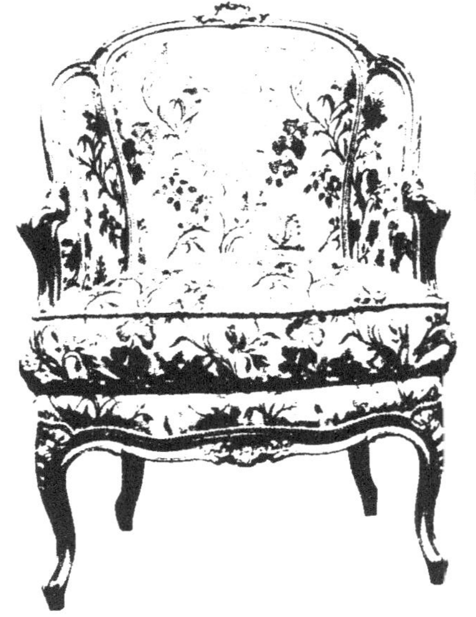
137
135
131

nent a la hauteur du dossier par une volute retenant une guirlande de lauriers.

La rampe du dossier de forme carrée est sculptée a enroulements et perles sur lesquels se détache un médaillon ovale entouré de deux cornes d'abondance.

Garniture avec coussin de duvet en dauphine, a dessin Louis XVI, brochée a fleurettes sur fond a rayures lilas et bleu clair.

Haut., 1 m. 5 cent.; larg., 67 cent.

152 — Bergere de style Louis XVI, de même modèle et de même travail que la précédente, en bois sculpté peint en blanc a deux tons dégradés.

La ceinture de celle-ci est a feuilles de lauriers et le médaillon du dossier est surmonté d'une guirlande.

Garniture avec coussin de duvet en dauphine de style Louis XVI, a rayures enguirlandées de fleurettes en couleurs sur fond mauve.

Haut., 1 m. 2 cent.; larg., 70 cent.

153 — Bergere de style Louis XVI, en bois sculpté peint en blanc a deux tons, ornée de moulures a raies de cœurs et perles avec bras a balustres cannelés en spirales.

Garniture avec coussin en soie a bluets sur fond crème a rayures.

Haut., 70 cent.; larg., 72 cent.

154 — Marquise de style Louis XVI, dorée, analogue a la précédente.

155 — Bergere de style Regence d'un très beau modèle, en bois sculpté et doré a fines nervures rubannées et feuillagées.

Le dossier contourné, a trois compartiments, est orné d'une guirlande de lauriers.

Garniture en soie de style a fond blanc avec coussin de duvet.

Haut., 92 cent.; larg., 68 cent.

136 — Jolie bergère de style Régence, de même forme que la précédente, en bois de noyer naturel sculpté.

Garniture de riche soierie de style à fleurs et rubans sur fond bleu cendré.

Haut., 95 cent.; larg., 68 cent.

137 — Bergère-crapaud de style Louis XVI, en bois sculpté et doré, à dos cintré orné de culots.

138 — Deux fauteuils à dossier carré, de style Louis XIV, en bois de palissandre sculpté, pieds à gaine avec entrejambes et bras à volutes; garniture de velours de Gênes à dessins variés sur fond jaune. Seront vendus séparément.

Haut., 1 m. 15 cent.; larg., 42 cent.

139 — Fauteuil de bureau d'un beau modèle Louis XVI, en bois sculpté, avec garniture de canne dorée.

Le siège, de forme ronde et tournant; la hotte carrée, ornée, dans toutes ses parties, de bandes d'enroulements de piastres et de moulures à rais de cœurs et rangs de perles.

Haut., 60 cent.; larg., 57 cent.

140 — Fauteuil de bureau de style Louis XVI, modèle rare, de forme quadrangulaire, en bois de noyer mouluré et sculpté.

Il est à quatre pieds, dont un sur le devant contourné à volute, et trois autres fuselés et cannelés.

La hotte du dossier est à trois balustres cannelés et godronnés, et deux motifs en S renversés et ajourés.

Le siège garni de canne.

Haut., 75 cent.; larg., 75 cent.

141 — Fauteuil de même forme que le précédent, en acajou uni mouluré.

Haut., 78 cent.; larg., 73 cent.

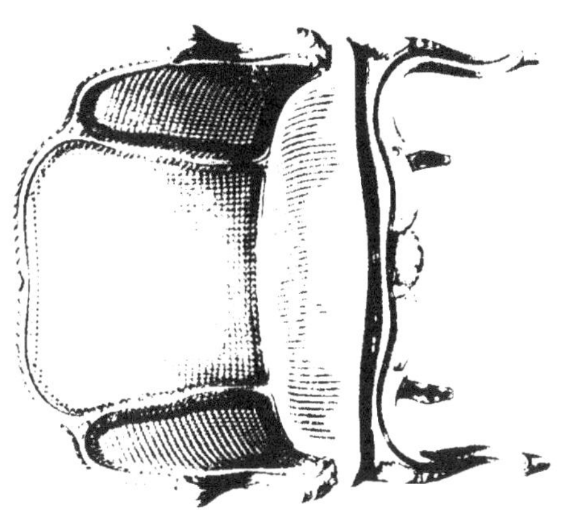

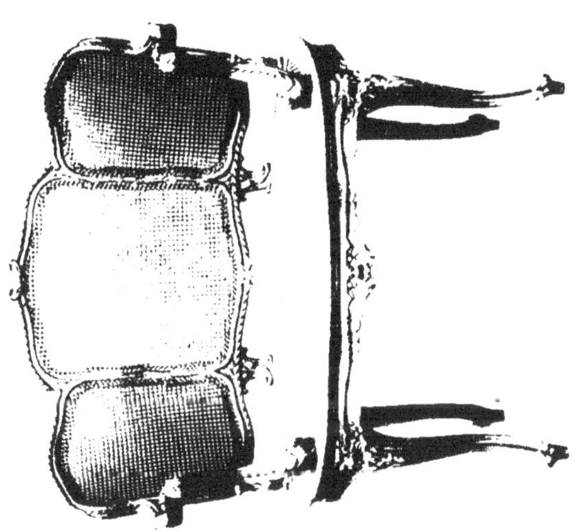

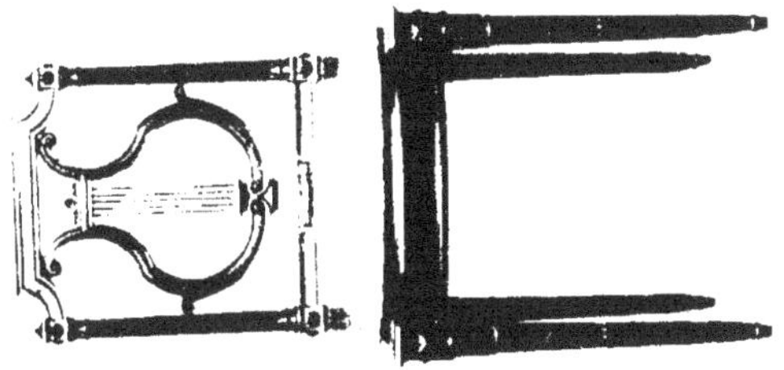

142 — Fauteuil de bureau de forme triangulaire, de style Louis XV,
en noyer sculpté, garni de canne.

Haut., 85 cent.; larg., 65 cent.

143 — Caquetoire de style Renaissance, en bois de noyer sculpté
à dossier, ornée d'un médaillon-buste, dans un motif d'ornement.

FAUTEUILS D'ENFANTS

144 — Fauteuil d'enfant de style Louis XIII, ravissant de propor-
tions, en bois noir rehaussé d'or, mouluré et sculpté.
Les pieds reliés par un X; les bras à balustres.
Garniture de magnifique soie brochée à fleurs en couleurs.

Haut., 72 cent.; larg., 40 cent.

145 — Fauteuil d'enfant de style Louis XIV et de mêmes proportions, mais à piétement carré et en bois sculpté et doré.
Garniture de brocatelle ancienne rouge.

Haut., 70 cent.; larg., 40 cent.

146 — Fauteuil d'enfant d'un très riche modèle Louis XV en bois
sculpté et doré, garni de dauphine Louis XV à fleurettes sur
fond bleu.
Le dossier à contours, entouré de rubans et d'un câble agrémenté de feuillages et d'un motif rocaille à la partie supérieure.
La ceinture à nervures feuillagées, crêtons et ornements.
Les pieds à chutes et sabots de même décor.

Haut., 66 cent.; larg., 45 cent.

147 — Fauteuil d'enfant de même style et de même forme que le

précédent, en bois peint en blanc et avec quelques variantes dans les ornements.

Garniture d'ancien lampas rouge.

Haut., 65 cent.; larg., 44 cent.

CHAISES

148 — Très élégante chaise légère de salon, style de transition de Louis XV à Louis XVI, en bois sculpté, doré, et garnie de canne dorée.

Le dossier creux, contourné, est entouré d'un rang de piastres et d'un enroulement de rubans.

La ceinture, ornée d'un rang de piastres et de quatre rosaces, repose par devant sur deux pieds contournés à volutes à chutes de feuilles d'acanthe, et, par derrière, sur deux pieds droits fuselés et cannelés, reliés entre eux par un élégant entre-jambes.

Haut., 86 cent.; larg., 40 cent.

149 — Chaise pareille à la précédente.

150 — Très belle chaise, style de transition de Louis XV à Louis XVI, en bois sculpté et doré, garnie de canne dorée.

Le dossier, à contours arrondis, est surmonté d'un groupe de feuilles d'acanthe et entouré d'un enroulement de ruban.

Le châssis du siège est sculpté en creux et la ceinture est reliée aux quatre pieds par des nervures se terminant en feuillages.

Très beau modèle.

Haut., 90 cent.; larg., 45 cent.

151 — Chaise de même forme que la précédente, d'ornementation moins riche et avec garniture d'étoffe.

Haut., 90 cent.; larg., 45 cent.

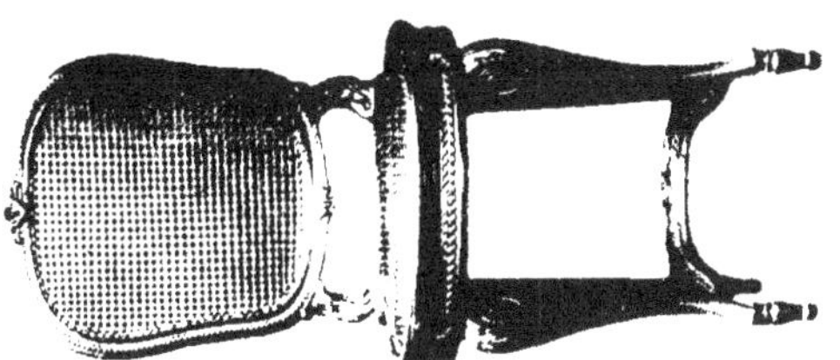
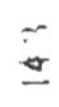

143

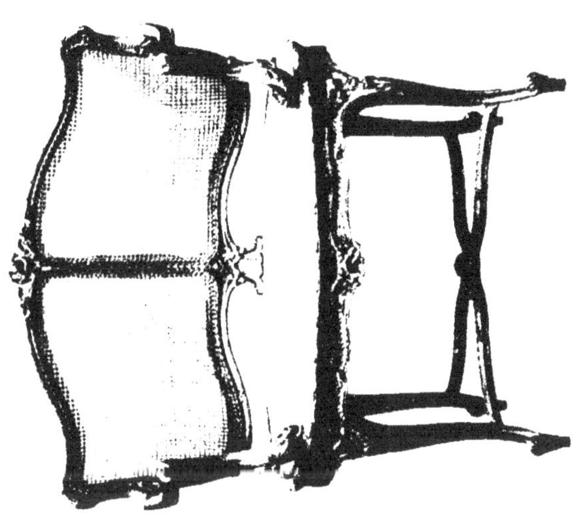
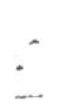

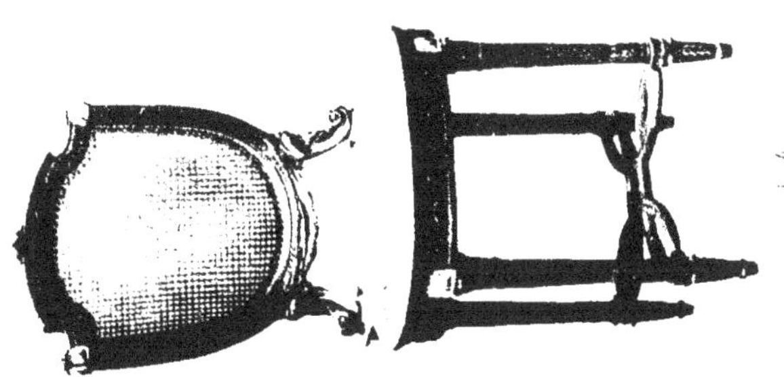

— 35 —

152-153 — Deux chaises légères de salon de style Régence, en
bois sculpté et doré sur les quatre faces, garnies de canne
dorée.

Le dossier droit, à légers contours, avec fronton orné de
feuillages.

La ceinture à coquilles.

Les quatre pieds à chutes et sabots, reliés par un entrejambes
en X.

Haut., 84 cent ; larg., 73 cent.

154-155 — Deux très jolies chaises légères de salon, de style
Louis XVI, en bois sculpté et doré, ornées sur toutes faces.

Le dossier en forme d'écusson à coins creux dans le haut,
entouré de perles, de rubans, de piastres et de cordages enca-
drés de fines moulures. La partie intérieure est ornée d'une
draperie sculptée en relief.

Le siège, de forme ovale, est orné d'une frise d'enroulements
et de rosaces. Les quatre pieds fuselés et cannelés, à chapiteaux feuillagés, sont reliés par un élégant entrejambes en
forme de rosace moulurée à perles.

Siège remarquable de goût et d'élégance.

Haut., 90 cent ; larg., 50 cent.

156 — Jolie chaise de style Louis XVI en bois sculpté et doré,
garnie de canne dorée.

Le dossier, à montants droits à petites crossettes et à coins
creux, est surmonté de feuilles d'acanthe et contient un médaillon ovale.

Le siège ovale est orné sur la ceinture de trois cartouches et
de rosaces.

Les pieds fuselés et cannelés à chapiteaux de feuillages.

Haut., 87 cent ; larg., 50 cent.

157-158 — Deux jolies chaises de style Louis XVI en bois sculpté
et doré.

Dossier à fuseaux cannelés formant cinq arceaux.
Siège arrondi, canné, avec ceinture à perles et rais de cœurs.
Pieds fuselés à cannelures.

Haut., 85 cent.; larg., 38 cent.

159-160 — Deux jolies chaises de même modèle en bois d'acajou,
finement sculptées.

161 — Chaise de style Louis XVI en acajou, à moulures, ornées
de rosaces en bronze.

Dossier à lyre avec dorure et à montants cannelés.
Garniture de soie de style à fleurettes sur fond blanc.

Haut., 88 cent.; larg., 40 cent.

162-163 — Deux chaises de salon, de style Régence. Riche
modèle, en bois sculpté et doré sur toutes faces.

La ceinture ornée d'un motif à coquille et feuillage réservé
sur un fond quadrillé gravé, avec châssis sculpté à fleurons.
Les pieds ornés de chutes à écussons reliés par un entrejambes en X.
Le dossier, mouluré à légers contours, est rehaussé de feuillages et de coquilles.

Haut., 95 cent.; larg., 45 cent.

164 — Chaise analogue aux précédentes, d'un plus petit modèle.

Haut., 85 cent.; larg., 36 cent.

165-166 — Deux chaises de salon de style Louis XV, grand modèle, en bois sculpté et doré, à moulures contournées relevées
par de sobres ornements à coquilles sur la ceinture, les quatre
pieds et le haut du dossier.

Garniture de canne dorée.

Haut., 87 cent.; larg., 41 cent.

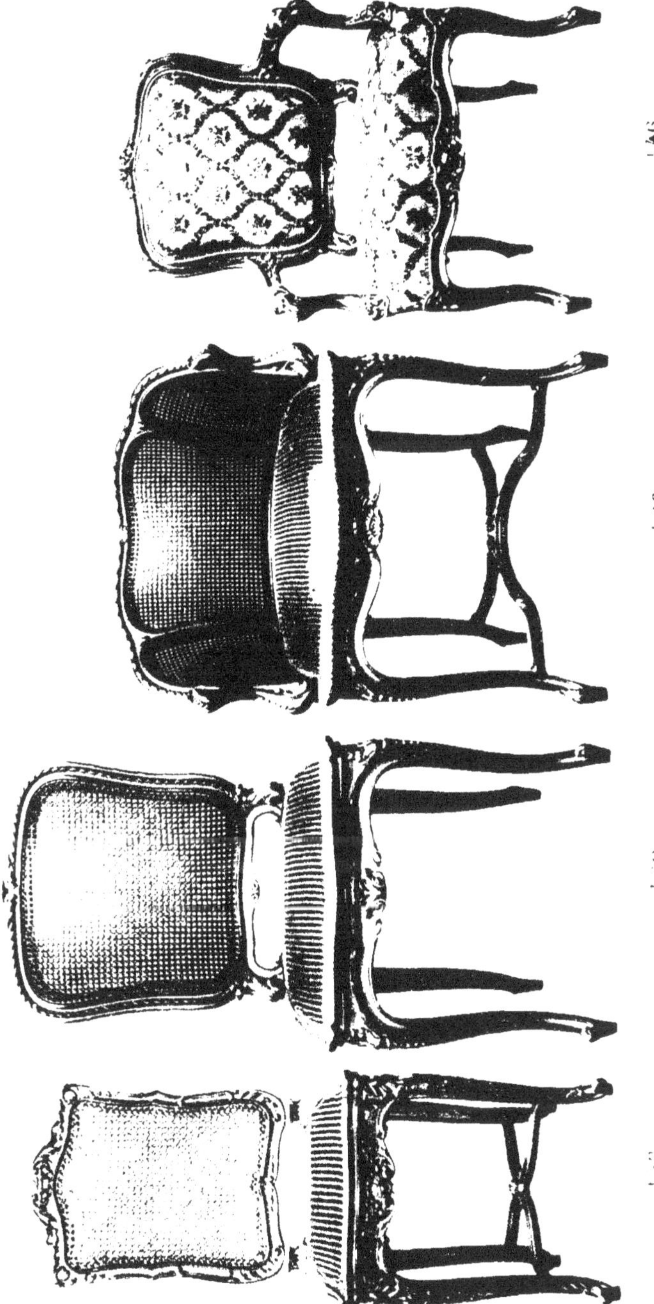

167 — Grande chaise de style Louis XIV, modèle de Saint-Cyr, en bois sculpté et doré.

    Pieds à contours.

    Ceinture à coquille, avec bordure d'olives.

    Dossier mouluré orné de petits godrons.

Haut., 95 cent.; larg., 51 cent.

168-169 — Deux chaises semblables à la précédente ; celles-ci en bois peint à deux tons dégradés.

Haut., 95 cent.; larg., 51 cent.

170 — Chaise-chauffeuse de même modèle en bois peint.

171 — Chaise de salon de style Louis XIV, en bois sculpté et doré, garnie de canne dorée.

    Les pieds à quatre faces, avec entrejambes.

    Le dossier droit cintré du haut à crossettes et à coquille.

Haut., 95 cent.; larg., 41 cent.

172 — Chaise de même modèle que la précédente, mais avec garniture d'étoffe.

Haut., 95 cent.; larg., 41 cent.

173-174 — Deux chaises de salon de style Louis XIV, grand modèle en bois sculpté et doré, garnies de canne dorée.

    Les pieds, légèrement recourbés, sont ornés de chutes à coquilles et de sabots feuillagés, ainsi que la ceinture.

    Le dossier droit à moulures est terminé par des crossettes à volutes et un fronton.

Haut., 95 cent.; larg., 45 cent.

175 — Chaise analogue aux précédentes, mais plus riche d'ornementation.

176 — Chaise légère de salon, de style Louis XIV, en bois sculpté
et doré, garnie de canne dorée. (Petit modèle.)

La ceinture et les quatre pieds ornés de coquilles, de chutes
et de sabots feuillagés.

Le dossier, de forme droite à moulure, est terminé par des
crossettes à volutes et un fronton à coquille.

Haut., 88 cent.; larg., 40 cent.

177 — Chaise légère, d'un très joli modèle, de style Louis XIV,
en bois naturel sculpté, relevée de filets de dorure, avec face
antérieure façonnée, à garniture de canne dorée.

Les pieds reliés par un entrejambes en X ; le dossier droit, à
crossettes, terminé par une coquille.

Haut., 87 cent.; larg., 40 cent.

178 — Chaise de forme analogue, mais plus petite, en bois naturel sculpté, garniture de canne dorée.

Haut., 86 cent.; larg., 36 cent.

179 — Chaise analogue aux deux précédentes, avec quelques
variantes dans les ornements sculptés, les pieds sans entrejambes. Garniture de canne.

Haut., 91 cent.; larg., 41 cent.

180 — Modèle de chaise de même style que les précédentes et de
forme analogue, en palissandre sculpté, relevé de filets de
dorure; garnie de canne dorée, et avec face antérieure moulurée, piétement à gaines à quatre faces, avec entrejambes.

Haut., 92 cent.; larg., 39 cent.

181 — Chaise de style Louis XVI, en bois sculpté et peint en
blanc, à deux tons.

Riche modèle à siège arrondi sur le devant, dossier droit,

cintre du haut, à colonnettes cannelées. Pieds fuselés sur le
devant, ornés de chapiteaux feuillagés ; les deux autres pieds
fuyants, à triglyphes.

Haut. 88 cent ; larg. 41 cent.

182-183 — Deux chaises de salle à manger, de style Louis XVI,
grand modèle en noyer sculpté, à rais de cœurs et rosaces,
ceinture à ressaut sur le devant, dossier droit à coins creux et
à colonnettes cannelées. Pieds fuselés, garniture de canne.

Haut. 96 cent ; larg. 50 cent.

184 — Chaise de salle à manger de style Louis XV, en bois mouluré, à contours, ornée de quelques fleurettes sculptées. Garniture de canne.

Haut. 91 cent ; larg. 51 cent.

185 — Modèle de chaise de même style, garnie de canne

186 — Autre chaise de même style, à large moulure sur le haut
du dossier.

Haut. 1 mètre ; larg. 52 cent.

187-188 — Deux jolies petites chaises, modèle Louis XVI, en bois
d'acajou, richement sculptées, dossier à lyre, pieds cannelés, à
chapiteaux de feuillages et ceinture à rais de cœurs et perles.

Haut. 88 cent ; larg. 45 cent.

189 — Chaise de style Louis XVI, à dossier droit évasé, en acajou à moulures et rais de cœur, garni de velours frappé.

Haut. 87 cent ; larg. 48 cent.

TABOURETS

190 à 192 — Trois très jolis tabourets de style Louis XVI, en bois
sculpté et doré, de forme ovale, à quatre pieds fuselés à ca-

naux, à chapiteaux feuilles d'acanthe, et reliés par un entrejambes en X. Siège en canne dorée.

Haut., 45 cent.; larg., 42 cent.

193-194 — Deux tabourets de style Louis XVI, en bois sculpté et
doré, analogues aux précédents. Ceux-ci de forme ronde. Siège
en canne dorée.

Haut., 43 cent.: larg., 38 cent.

195 — Tabouret de style Louis XV, grand modèle, en bois
sculpté et doré, à entrejambes en X. Garniture de dauphins, à
fond rose.

Larg., 45 cent.

196-197 — Deux autres tabourets de même forme, en bois sculpté
et doré, garnis de soieries de style et de nuances variées.

Larg., 42 cent.

198 — Tabouret carré de style Louis XVI, en bois sculpté et doré,
ceinture à canaux et rosaces et pieds fuselés à chapiteaux de
feuillages. Garniture en soierie de style Louis XVI à rayures
et fleurettes.

Larg., 40 cent.

199 — Tabouret de piano de forme ronde, de style Louis XVI, en
bois sculpté et doré. Ceinture à guirlandes de feuillages et
rosaces.

Larg., 40 cent.

200 — Tabouret de piano analogue au précédent, en bois laqué
blanc.

201 — Tabouret de piano genre Louis XIV, à pied carré, à quatre
patins en volute en bois sculpté et doré, à dessus de velours
rouge.

Haut., 46 cent.: larg., 30 cent.

202 — Tabouret de pieds carré de style Louis XIV, en bois sculpté
et doré, ceinture ornée de coquilles et pieds de biche.

Long., 55 cent.; larg., 36 cent.

203 — Tabouret de pieds oblong de style Louis XV, en bois sculpté
et doré à ornements rocaille reliant les quatre pieds écartés.
Modèle riche.

Long., 57 cent.; larg., 36 cent.

204-205 — Deux petits tabourets de pieds de style Louis XIV, en
bois sculpté en creux et doré à coquilles et feuillages

Long., 55 cent.; larg., 36 cent.

206 — Tabouret semblable avec coquilles sculptées en relief.

207 — Tabouret de pieds de style Louis XIV, forme carrée, ceinture à tore de lauriers et pieds en spirales en bois doré.

Larg., 54 cent.

208 — Tabouret de pieds de style Louis XIV, en bois sculpté et
gravé à coquilles, feuillages et quadrillages et doré.

Long., 55 cent.; larg., 36 cent.

209 — Tabouret carré de style Louis XVI, en bois sculpté et doré,
ceinture à canaux et rosaces, pieds balustres à feuillages.

Larg., 51 cent.

210 — Tabouret de pieds, de forme Louis XV, en bois moulure
à contours, peint et à filets de dorure.

Larg., 50 cent.

BRONZES

211 — Girandole à cinq lumières, en bronze, d'un beau modèle Renaissance, à pied balustre de large base à godrons et branches à têtes de dauphins reliés par des rinceaux de feuillages.

212 — Girandole à trois lumières, modèle Renaissance, à salamandre et entrelacs sur pied balustre à large base.

213 — Girandole à trois lumières de même style mais plus simple.

214 à 218 — Treize cadres ronds et ovales de style Louis XVI, en bronze, à feuilles d'eau et perles de différentes dimensions.

219 — Deux petites consoles d'applique, têtes de satyres en bronze doré.

220-221 — Quatre petits porte-montres à médaillons-bustes, style Louis XVI, en bronze doré.

222 — Trois autres, modèle brûle-parfums.

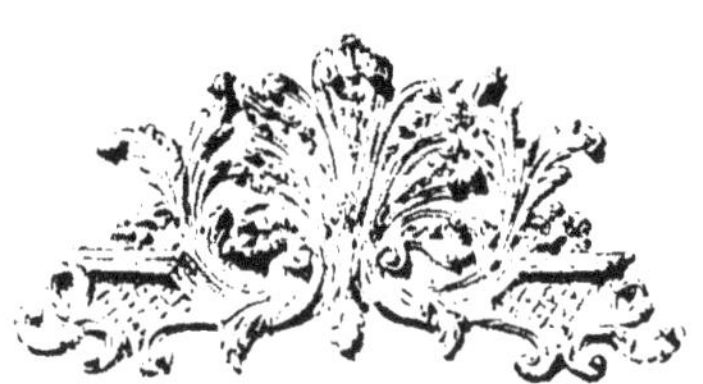

www.ingramcontent.com/pod-product-compliance
Ingram Content Group UK Ltd.
Pitfield, Milton Keynes, MK11 3LW, UK
UKHW031808170726
13836UKWH00003B/1268